AF586659

RECHERCHES CVRIEVSES DES mesures du Monde.

Par le Sieur de VILLAMONT.

A PARIS,

Chez MARTIN COLLET au Palais, en la gallerie des Libraires, pres la Chancellerie.

M. DC. XXIII.

Auec Priuilege du Roy.

A MON FILS Henry de Villamont.

MON fils, nos iours passent cõme le vent, & leurs plaisirs finissent par la mort. La seule vertu nous suruit, si nous l'auons cherchee en nostre vie, & laissé à la posterité quelque marque d'auoir esté. Les corps, quoy que subiets à la loy du tombeau, se rendent immortels en la suitte des enfans qui perpetuent leurs noms, comme aussi les esprits, s'ils laissent apres eux des enseignes d'auoir bien faict. Puis donc que mon âge blāchissant m'aduertit chacun iour de la retraitte, ie desire vous laisser ce bref racourcy du monde uniuersel, par lequel vous verrez les mesures certaines de ce que i'ay veu & apris en mes plus gaillardes annees, & vous seruira de leçon d'une heure seulement : excellente, certes, si vous l'employez bien, & s'il vous souuient fortement que le monde n'est rien, puis-que tant d'Estats & Royaumes, desquels vous verrez le denombrement, n'estoit la pluspart cent ans sont, ou ne seront dans cēt ans. Quād vous lirés l'histoire ancienne des empires, vous verrez cette verité : Que le Ciel seul ne change point: Aussi disoit-il estre le but de nos trauaux. C'est le suiect principal qu'il vous faut tirer en la lecture, soit de ce traicté, soit de nos liures precedens. Car nos voyages, dont le discours a seruy d'entretien à tant d'esprits, porteront tesmoignage de nostre inconstance seulement, si dans leur practique nous n'auions emporté ce méme fruict que nous vous offrons, & pourrois icy former vostre esprit par les regles de mõ experience propre, si vostre aage le permettoit. Mais ne le pouuant pas encore, apprenez seulement à aymer Dieu; seruir le Roy, & aymer vostre pays: Soyez esgal en vos comportemens: sans flotter incertain, ou ça, ou là: pardonnez aisément à vos *ennemis, & ne les frequentez: Ne dites point vostre secret à tous, & faictes choix de vos amis: compassez vos despenses à vos reuenus, parce que le deffaut de ce seul poinct, fait broncher chacun iour les plus nobles familles. Pensez y meurement, & quelque part que vous soyés, souuenez-vous de nos conseils, & que celuy qui vous les donne, c'est*

VOSTRE PERE.

A la Fremondiere en Anjou, le 10. Mars, 1623.

RECHERCHES CVRIEVSES DES MESVRES du Monde.

LE MONDE que nous voyons auec les mers qui l'enuironnent, eſt vn rond tres-parfaict, n'ayant commencement ny fin en toutes ſes parties, ſe ſupportant ſoy-meſme ſans aucun appuy: S'auallant à l'eſgal de tous coſtez, ainſi que clairement on void, lequel cõtient en ſa circonference trois cens ſoixante degrez, qui font neuf mil lieuës de tour, de noſtre Frãce. Mais, pour venir au poinct que ie pretens, il eſt beſoin de diuiſer la mer d'auec la terre, pour voir, ſi la terre ſans la mer, ſe treuuera ronde, faiſant donc ceſte di-

Le monde contient 9. mil lieuës de tour.

La terre plus longue que large & pourquoy.

uision, sans doute, la terre sera beaucoup plus longue que large, cela venant de ce qu'en diuers lieux elle s'aduãce beaucoup en la mer, ainsi qu'elle fait au Cap de bõne esperance, où elle s'y jette plus de mille lieuës : la mer aussi se recourbant, & faisant des Caps & destours plus d'vn costé que d'autre, luy cause ceste forme. Et pour monstrer cecy, il y a de droict fil depuis le cap Blanco qui est à l'Ocean Occidental, à l'extremité de l'Affrique, iusques à l'Ocean Oriẽtal qui est le long de la Chine, six vingts quatorze degrez de lõgueur, qui reuiennent à trois mille trois cens cinquante lieuës des nostres, sa plus grande largeur estant en droicte ligne, de cent six degrez, qui font deux mille cent cinquante lieuës, & ce depuis la poincte du Cap de bonne esperance

Longueur de la terre.

La plus grãde largeur de la terre.

esperance qui est à l'Oceã du Midy, iusques à l'Ocean du Septemtrion. Mais la terre n'a pas cette largeur par tout, à cause que le Cap susdit s'auãce par trop en la mer, de sorte, que pour la rendre égale, il faut oster vingt deux degrez dudit Cap de bonne esperance, pour remplir le recourbement que la mer fait au deça la ligne equinoctiale : prenãt donc les susdits degrez depuis la pointe dudit Cap, en montant vers la ligne, & raportant ceste pointe de terre où il n'y en a point : puis déduisant les vingt deux degrez, qui font cinq cens cinquante lieuës, sur les deux mille six cens cinquante, cy dessus nommées, il restera deux mille cent lieuës de large, que la terre aura en l'Europe, & Afrique. Mais en l'Asie, elle n'en a pas tant : car, en sa

La largeur de la terre en Europe & Afrique

largeur plus grande, qui est depuis Malaca à la mer du Midy, iusques à celle du Septemtrion, elle ne contient que quinze cens cinquante lieuës, & aux autres treze, à quatorze cens. Par cecy on peut voir que la terre n'est ronde, sa longueur surpassant de beaucoup sa largeur. Et d'autant qu'il sera besoin de repeter souuent le mot de degré, & que plusieurs qui verront ce traité, ne sçauront pas que c'est, ie leur diray que les anciens ont diuisé le monde par degrez, chacun degré contenant plus ou moins de lieuës, selon que les lieües des prouinces seront grandes, ou petites. Pour rendre cecy plus intelligible, il faut sçauoir combien on doit mettre de lieües pour faire vn degré, non seulement en nostre France, mais aussi aux au-

Largeur de la terre en Asie.

tres lieux qui nous sont estrangers, comme l'Espagne, Alemagne, Sueue, Dannemarc, Angleterre, Italie. En Italie, pource qu'on y conte par mil, on met soixante mil pour vn degré: en Alemagne quinze lieuës: en Dannemarc & Sueue dix: en Angleterre vingt: en Espagne dixsept vn tiers, & en France vingt cinq: mais il faut entendre que ce sont lieuës communes, & non celles qui sont les plus grandes, ce qui me fait donner aduis qu'en toutes les supputations que ie feray, i'étends parler des lieuës de Frãce, & non de celles de Gascongne, ou de Bretagne, qui sont grandes, ny aussi des lieuës des autres Prouinces qui nous sont esloignees. Voila donc la circonference, longueur, & largeur du monde vniuersel. Venons

Combien de lieues pour vn degré.

Combien de lieues en Frãce pour vn degré.

maintenant à parler en combien de parties la terre est diuisee, & qui en fait les separations; combien chaque partie contient de longueur, & largeur: Quels sont les plus grands Empereurs qui y commandent, & l'estenduë de leurs Empires: Qui est celuy qui est le plus grand Roy, & celuy qui est le plus grãd terrien, & s'il y a vn milieu sur la terre. Tous les anciés ont diuisé la terre en trois parties, mais à present il en faut mettre quatre, & ceste quatriesme sera l'Amerique: les autres trois, seront Europe, Asie, & Afrique. L'Amerique est la plus grande de toutes, c'est pourquoy ie la mettray au premier rãg, & laisseré au quatriesme nostre Europe. Cet Amerique est de grande estenduë, s'estendant du Septétrion vers le Midy. Elle est enui-

quatre parties au monde, & quelles

ce que contiét l'Amerique & sa situation.

ronnee de toutes pars de la mer Oceane, & côtient deux prouinces seulement, qui sont le Perou, & Mexique, ioints ensemble par vn istme de terre, qui a quelque vingt lieuës de large. Car deux tant renommées prouinces pour l'or, l'argent, & autres choses precieuses qu'on en a apporté en nostre Europe, ont de longueur de l'Occidét à l'Orient, sçauoir, celle de Mexique, cent seize degrez qui sont deux mille neuf cens lieuës : Et celle du Perou, quinze cens soixãte deux degrés, & toutes deux ensemble ont de largeur depuis le destroit de Magellan qui est à l'Ocean du Midy, iusqu'à l'Ocean du Septentrion cent vingt deux degrez, qui font trois mil cinquante lieuës. L'Asie qui tient le second lieu en grandeur, & largeur, est presque

Longueur de Mexique.

Longueur du Perou.

Largeur de toute l'Amerique.

Situation de l'Asie & ses bornes.

enuironnee de toutes parts de la mer oceane, de laquelle elle est bornée à l'Oriét, au Midy, & Septentrion, & du costé de l'Occident, elle est batuë de la mer mediterranee, de la mer rouge, des mers noire, & maior, de sorte que si l'Istme de terre qui est entre la Mediterranee & la mer rouge, estoit tranché, il n'y auroit de terme ferme, que ce qu'il y en a le long du fleuue Tanais, qui la separe de l'Europe. Cette grande estenduë de terre contient en sa longueur de l'Oriét à l'Occidét soixante dix degrez, qui sont dix sept cens cinquante lieües, & ce, depuis la mer noire, ou Archipelago, iusques à l'Oceã de la Chine orientale, icelle Chine cõprise, non selon les mesures du pere Martin de Herrade qui luy en dõne trop, mais selon le calcul que

Lõgueur de l'Asie.

nous en auons faict sur les globes & mappemondes; pour la largeur de l'Asie, i'en ay parlé cy dessus. Quant à l'Afrique, elle seroit vne Isle, si l'Istme cy dessus touché, estoit couppé, ce que plusieurs Empereurs ont fort desiré, mais nul n'a osé l'entreprendre. Elle est bagnée du coste du Septemtriõ de la mer Mediterranee, & de celle de l'Ocean à l'Orient, Occident, & Midy, fors au petit istme de terre cy dessus. Sa longueur est en droicte ligne de soixante six degrez, qui vallent seze cens cinquante lieuës, sçauoir depuis le Cap Blanco à l'Occident iusques à la mer rouge à l'Oriẽt, & sa largeur depuis la pointe du Cap de bonne esperance, qui est au Midy, iusques à la mer Mediterranee vers le Septemtrion, contient soixante sept degrez,

Situation de l'Afrique & ses bornes

Lõgueur de l'Afrique.

Plus grande largeur de la Frãce.

qui sont seize cens soixãte quinze lieuës; Mais en tous lieux elle n'a pas telle largeur, car du costé de la Guyenne elle n'a que trente degrez, qui valent sept cents cinquante lieües. Pour nostre Europe, elle est la plus petite, mais plus noble, & plus belle que ne sont toutes les autres ensemble, car ils ne sçauroient nous monstrer vn œil semblable à l'Italie, ne vne seconde Venize, ny mesmes libertez que nous auons en nostre France: iamais ils n'entreront en la balance auec nous, & ne verront en leurs effroyables armees, vne noblesse courageuse comme la nostre, ny vn Senat semblable à celuy de Paris: ils n'ont rien de pareil: c'est à eux de se taire. Qu'on ne me blasme pas de loüer ma patrie; ie sçay que ie dis vray, & n'en dy pas

Moindre largeur de l'Afrique.

Beauté de l'Europe.

assez. En fin nostre Europe est sous vn tres-bon temperament, qui a la mer à l'Occident, & au Septentrion, & la mer Mediterranee à son Midy: à l'Orient elle a la mer Major & mer Noire, & le fleuue de Tanays qui la separe de l'Asie: sa longueur est depuis le Cap de sainct Vincent, qui est en Espagne à l'Ocean Occidenral, tirant en droicte ligne iusqu'à Cōstantinople, qui est à l'Orient sur le détroit de la mer Noire, de sept cés soixāte quinze lieuës, qui font trente degrez & demy, & sa largeur en contient trente trois, qui font huict cens vingt cinq lieuës, depuis le Cap de Malea qui est en la Morée sur la mer Mediterranee vers le Midy, iusques au Cap des Lappons à la mer Oceane vers le Septentrion. Voila ce que contient le monde

Situation de l'Europe.

Longueur de l'Europe

Largeur de l'Europe.

vniuerſel en toutes ſes parties. Reſte de voir quels grands Monarques y commandent, & la grandeur, confins, & limites de leurs Empires : Quel nombre de Prouinces il y a en chacun d'eux, & la longueur, & largeur de chacun Empire. Or tout ainſi que i'ay diuiſé le monde en quatre parties, de meſme ie diray qu'en iceluy il y a quatre principaux Empires, qui ſont le grand Turc, le premier; le grand Tartare le ſecond : le grand Sophy le troiſieſme, & le grand Preſtre Iean le quatrieſme. Or le grand Turc eſt le plus grand Seigneur du monde, auſſi ſon Empire eſt plus grand que tous les autres, plus fort & redoutable, & le mieux ſitué de tous, pour eſtre iuſtement aſſis au milieu de la terre, & pour s'eſtendre grandement

Quels ſont les 4. principaux Empires.

Le grand Turc eſt le plus grãd du monde.

és trois parties d'icelle, comme aussi pour auoir au milieu d'iceluy la mer Mediterranee. Pour parler donc d'vn si puissant Empire, & de ceux qui le bornent, ie diray qu'il confine à l'Estat des Venitiens, & aux Hongres vers l'Occident : vers le Septentrion, il a le grand Tartare, & du costé de l'Orient le grand Sophy de Perse: vers le Midy, l'Empire du grand Prestre Ian le borne, & le Roy de Fez & de Maroc, vers le destroit de Gilbatar, de sorte qu'estant si bien placé, & au milieu de si puissans Monarques, il a tousiours guerre à quelqu'vn, ce que souuent l'Europe a esprouué, comme aussi le Sophy de Perse, & plusieurs autres Princes ses voisins, son armee estant composee de trois cens mil hommes de guerre, & son Empire s'e-

Confins & limites de l'Empire du grand Turc.

tendant en Asie, Europe & Afrique. Disons ce qu'il a en Europe, & puis nous entrerons en Asie, & Afrique. Il est seigneur de macedone, Epire, Croacie, Sclauonie, Albanie, Bosnie, Dalmatie, Russie, Bulgarie, Seruie, Valachie, l'Etholie, Linonie, Caye, Prussie, Besse, le Peloponese ou Morée, Misie, les Folsides & Attiques, Tessalie, Bessarabie, la Valonne, Chimerre, Romanie, vne bonne partie de la Hógrie, & la Trace, où est assis Constantinople, d'où passant en Asie par le détroit de la mer Noire, nous le verrons Seigneur de Pont, Bithinie, Frigie, Capadoce, Pamphilie, Cilicie, Mitilene, Carie, Licaonie, Aldimelly Paphlagonie, Genet, Amasie, Saladulye, Ciangara, Caramanie, Anatolie, Pegiam Bossoc, Seleu-

La puissãce du Turc en Europe.

Puissance du grand Turc en Asie.

cie, Sirie, Phenicie, Galilee, Samarie & Iudee, les trois Arabies & Armenie, & l'ancien Empire de Trebisonde en Afrique. Il est Seigneur d'Egypte, Barra, Sibeca, Elsocal, Syrte Maior & Minor, Thunes, Alger, & generalemẽt de toute la coste de la mer qui baigne l'Afrique, nommee en general la Barbarie, la longueur duquel pais, depuis Alexãdre d'Egypte, iusqu'au Cap des forçats qui est du Royaume d'Alger, tirant vers le détroit de Gilbatar, il y a de longueur, neuf cens soixante quinze lieues qui sont trente neuf degrez. Au milieu de tãt de prouinces ou Royaumes cy dessus nommez est la mer Mediterranée, en laquelle sont les Isles de Chipre, Negrepont, Rodes, & toutes les Isles de l'Archipelago iusqu'à la Cher-

Puissance du grand Turc en Afrique

Le grand Turc Seigneur des mers de Leuant

ſoneze Taurique, dont il eſt Seigneur. Pour le regard des Isles de Zante, Corfou, Cephalonie, & Candie, elles ſont aux Venitiens, leſquels luy en payent de tribut, quatorze mille ducats chacun an. Or la longueur de ce tant redouté Empire contient de droict fil, depuis le Cap desdits forçats qui eſt à l'Occident, & ſur la mer Mediterranee, iuſques à l'embouscheure du fleuue de Prim qui eſt à l'Ocean oriental, ſoixante cinq degrez, qui valent ſeze cens vingt-cinq lieües, & ſa largeur qui eſt depuis l'Ethiopie vers le Midi, iuſques à la Ruſſie qui eſt au Septentrion, y a en droite ligne quarante vn degré, qui font mille vingt cinq lieües. Mais ce qui eſt le plus émerueillable, & quaſi incroyable à tous, eſt que le grand Turc,

Longueur de l'Empire du grand Turc.

Largeur de l'Empire du grand Turc

est seigneur de toutes les terres qui sont en l'estenduë de son Empire, sans que personne puisse dire, cecy est à moy, ou ceste terre là, ny qu'aucun se puisse nommer noble, mais tous en general, faut qu'ils se disent esclaues du Seigneur; Aussi, ne recognoissent ils entr'eux aucune diuersité de sang, ny mesmes de races. Apres luy vient le grand Tartare qui tient le second lieu, & lequel a soubs son Empire plusieurs grandes Prouinces; sçauoir les Sarmates, Scythes Europeens, & Asiens, Catay, Cenduc, Siram, Samogeda, Lucomore, Karalzy, Lugora, Cazan, Astracan, Bayda, Calmory, Iarchan, Siarciam, Sagatay, Caraky Lugora, Ocrage, Valtonidor, Colmac, Nagaia, Cambalu, & autres iusques à trente quatre grandes Prouin-

Estrange puissance du grand Turc.

Quelles Prouinces sont en l'Empire du grand Tartare.

ces. Tous ces grands pays sont situez le long du Septentrion vers l'Orient, estans bornez à l'Occident par la Pologne, & par la Moscouie au bas Septentrion, d'où trauersant toute l'Asie Septentrionnale, se confine à la Chine, qui est à l'Orient: A la mer Glaciale, vers le Septentrion, & au Midy, au grand Sophy de Perse. Toute cette longueur de païs du Couchant au Leuant, contiét quarante six degrez, qui valent vnze cens cinquante lieuës, sa largeur s'estendant depuis les Indes qui sont au Midy, iusqu'à la mer Glaciale qui est au Septentrion, cette largeur contenant trente deux degrez, qui reuiennent à huict cens lieuës en la grande part cet Empire, le froid est vehement, & les tonnerres y sont fort frequens, signamment

Situation de l'Empire du grand Tartare & ses confins.

Longueur de l'Empire du grand Tartare.

Largeur de l'Empire du grand Tartare.

en

en Esté, & tellement horribles, que quelques Tartares m'ont dit que les hõmes en meurẽt d'epouuantement: tresraremẽt il y pleut en hyuer, & souuent en esté, mais la pluye tombe si doucement, que la terre n'en est guere humectée. Il y a vn fleuue nommé Kyã, qui est (à ce qu'on dict) le plus grand du monde, & de fait on m'a asseuré qu'il a plus de cent iournees de longueur, & huict lieuës de largeur & au moindre lieu de son cours, quatre ou cinq lieuës de large, ce qui est difficile à croire. Cecy soit dit comme en passant, auec ce qui s'ensuit, sçachant que cela sort des bornes de mon dessein, mais c'est pour recreer l'esprit de ceux qui verront ce trauail. Tous les Tartares sont puissans de corps, & d'vn courage grand: ils ont la

Estranges tonnerres en Tartarie

Description du Tartare.

face large, & les yeux enfoncez: la teste raze, & hideux en leurs barbes; ils sont de stature carree, & fort patiens à la faim, & au trauail : ils se disent Ismaëlites & s'en glorifient grandemét. Pour la Religion ils sont Mahometans, & neantmoins toute leur loy est en la force de leurs corps, & leur iustice, soubs leurs armes. En fin, c'est vne nation prophane, & barbaresque, sale & vilaine, qui mangent la chair demie cruë, qui boiuent du laict de iument, & qui n'vsent de nappes & seruiettes pour leur essuyer leurs bouches, & leurs mains. Le grád Sophy de Perse a son Empire en vn tenant à l'vn des bouts de l'Asie, à l'Occident, duquel il a le grand Turc pour voisin, leurs terres estans separees par le fleuue du Tygre. Du costé du Septé-

Situation de l'Empire du grand Sophy de Perse auec ses confins.

trion, il a le grand Tartare, & le fleuue Abian qui se met entre deux: vers le Midy, il est battu de la mer Oceane, & au Leuant, il a les Indes, & le Roy de Cambaie. Son estenduë depuis les terres du grand Turc qui sont au Couchant, iusqu'aux terres du Roy de Cambaie qui sont au Leuant, y a trente neuf degrez & demy, qui sont neuf cens soixante quinze lieuës, & sa largeur est de vingt vn degré, qui font cinq cens vingt cinq lieues, depuis l'Ocean du Midy, tirant de droit fil audict fleuue Abian, & aux terres du grand Tartare, vers le Septentrion. Cét Empire Persan est composé de tres-nobles Prouinces, autresfois grands Royaumes sçauoir des Parthes, Medes, Assiriens, Suziens, Margiens, Mesopotamiens, Hircaniens, Ba-

Lõgueur & largeur de l'Empire de Perse.

Quelles Prouinces sont en l'Empire Persan.

ctriens Drangienes, Patopomisses, Gedroziens, Carmeniens & autres, tous lesquels pays, ou la plus-part d'iceux, sont composez de Noblesse, comme en Europe & ceux qui sont nobles d'ancienne race, y sont en grand credit, & les premiers honorez des plus grandes, & belles charges, s'ils ne degenerent à leurs ancestres. Ils sont de nature fort ciuils & courtois, & s'adonnent aux lettres & sciences : ils sont fort liberaux & reçoiuent courtoisemét les estrágers, mais ils ne veulent pas qu'ils regardét leurs femmes de trop pres, ny aussi que leurs femmes se monstrent aux nouueaux venus. Le grand Prestre Iean qui est le quatriesme en rang, est Empereur d'Ethiopie, & des Abyssins, & se vante d'estre issu de la race de Dauid, com-

Les Perses sont courtois.

Antiquité du grand Prestre Iean.

me estant descendu de la Royne de Saba, Royne d'Ethiopie, laquelle estant venue en Hierusalem pour voir la sagesse de Salomon, enuiron l'an du monde, deux mil neuf cens cinquante & deux, s'en retourna grosse d'vn fils qu'ils nomment Moylech, duquel ils disent estre descendus en ligne directe. Et ainsi il se glorifie d'estre le plus ancien Monarque de la terre, disant que son Empire a duré plus de trois mil ans, ce que nul autre Empire ne peut dire. Aussi met-il en ses tiltres ce qui s'ensuit: Nous, N. Souuerain en mes Royaumes, vniquement aymé de Dieu, colomne de la foy, sorty de la race de Iuda, &c. les limites de cét Empire touchent à la mer Rouge, & aux montagnes d'Azuma vers l'Orient, & du costé de l'Oc-

Tiltres du grand Prestre Iean.

Confins & limites de l'Empire du Prestre Iean

cident, il est borné du fleuue du Nil, qui le separe de la Nubie, vers le Septentrion il a l'Ægypte, & au Midy les Royaumes de Congo, & de Mozambique, sa longueur contenant quarante vn degré, qui sont mille vingt cinq lieues, & ce depuis Congo, ou Mozambique qui sont au Midy, iusqu'en Ægypte qui est au Septentrion, & sa largeur cōtenant depuis le Nil qui est à l'Occident, iusqu'aux mōtagnes d'Azuma, qui sont à l'Orient, sept cens vingt cinq lieues, qui sont vingt neuf degrez. Cet Empire a sous soy trente grandes Prouinces, sçauoir, Medra, Gaga, Alchy, Cedalon, Mantro, Finazam, Barnaquez, Ambiani, Fungy, Angoté, Cigremaon, Gorga Cafatez, Zastanla, Zeth, Barly, Belangana, Tygra, Gor-

Longueur & largeur de l'Empire du Prestre-Iean.

Quelles prouinces en l'Empire du Prestre-Iean.

gany, Barganaza, d'Ancut, Dangaly Ambiacatina, Caracogly, Amara, Maon, Guegiera, Bally, Dobora & Macheda. Toutes les Prouinces cy dessus sont situees iustement soubs la ligne equinoxiale, entre les Tropiques de Capricorne, & de Cancer. Mais elles s'approchent de nostre Tropique, de deux cens cinquante lieuës plus qu'elles ne fõt de l'autre Tropique. Ce mot de Prestre Iean signifie grand Seigneur, & n'est pas Prestre cõme plusieurs pensent, il a esté tousiours Chrestié, mais souuent Schismatique: maintenant il est Catholique, & reconnoist le Pape pour Souuerain Pontife. I'ay veu quelqu'vn de ses Euesques, estant en Hierusalem, auec lequel i'ay conferé souuent par le moyen de nostre trucheman: il estoit d'vn port

Situation de l'Empire du Prestre Iean.

Le grand Prestre Iean Catholique.

graue, & serieux ; succint en son parler, mais, subtil à merueilles en tout ce qu'il disoit. Il prenoit grand plaisir au recit que ie luy faisois de nos belles ceremonies, & de la grauité de nos Prelats en leurs habits Pontificaux, & autres choses que ie laisse pour dire, que l'Ethiopien est ioyeux & gaillard, ne ressemblant en rien à la saleté du Tartare, ny à l'affreux regard du miserable Arabe, mais ils sont fins & cauteleux, & ne se fient en personne, soubçonneux à merueilles, & fort deuotieux, ils ne sont du tout noirs comme l'on croit, i'entens parler de ceux qui ne sont pas sous la ligne Equinoxiale, ny trop proches d'icelle, car ceux qui sont dessoubs sont les Mores que nous voyons.

Les Ethiopiens gaillards & subtils.

Le Roy de la Chine le pl⁹ grand Roy du monde.

Le plus grand Roy du monde, c'est le Roy de la Chine, son Ro-

yaume

yaume eſtant ſitué és dernieres terres de l'Aſie, il eſt borné de la mer Oceane au Leuant, & Midy, & s'eſtend tout le long d'icelle, plus de neuf cens lieuës, il a les Indes au Couchant, & les Tartares au Septentrion, mais entre lui & les Tartares, il y a des montagnes tres-rudes, & aſpres, que la nature a ainſi eſleuees, qui contiennent cinq cens lieuës de longueur, entre leſquelles y auoit vn eſpace qui en contenoit quatre-vingt, que les Chinois fermerent de fortes murailles, apres qu'ils furent deliurez du ioug des Tartares; & ne faut pas adiouſter foy à ce qu'on dit, que la muraille a cinq cẽs lieuës de lõg, mais il faut croire que les montagnes en font quatre cẽs vingt, & les murailles le ſurplus. Si l'hiſtoire Chinoiſe qui eſt traduicte

Confins du Royaume de la Chine.

Muraille admirable en la Chine.

en Eſpagnol eſt veritable, & ſi ce que le pere Martin de Herrade qui y a eſté fort long temps, & qui l'approuue, dit vray, la longueur du Royaume de la Chine contient dixhuict cés lieuës d'Eſpagne, & trois mille de tour, qui reuiendroient à deux mille quatre cens ſoixante de celles de noſtre France, & à quatre mille cinq cens quatre vingt dix de circuit. Le pere Herrade aſſeure hardiment que les Chinois ont dit la verité en leur hiſtoire, mais le pere Trigaut qui a fait ſon hiſtoire de la Chine apres luy, & autres qui en ont eſcrit, ne luy donnét telles longueurs, & largeurs, mais ce diſcours n'eſt fait pour vuider leurs differés, me ſuffiſant de dire, que par les Globes, & Mapemondes que i'ay ſupputés, ie trouue que la plus grande lon-

Longueur & circuit de la Chine ſelon le pere Herrade.

Longueur, largeur & circuit de la Chine ſelon l'autheur.

gueur de la Chine, n'a que trente ſept degrez, qui font neuf cés vingt cinq lieuës, ſa plus grande largeur qui ſont dixneuf degrez, quatre cens ſoixante quinze, & tout le circuit de la Chine quatre vingt dix neuf degrez, qui valét deux mil neuf cens ſoixãte quinze lieuës, tellement que ce nombre de circuit ſeroit moindre que l'autre de quelque ſeize cés lieuës & en ſa longueur, de quinze cés trente cinq. Ce Royaume ſi grãd n'eſt cõpoſé que de quinze prouinces, ſçauoir, Olam, Canton, Suzuam, Fogniam, Pagnia, Cinſay, Tolanquia, Doquiam, Aucheo, Honam, Xanton, Quincheu, Chegnam Sancii & Cãzay, mais ce ſont des prouinces qui ſe peuuent dire Royaumes, à cauſe de leur grande étendue, & du grand nõbre de citez & villes,

Nombre des prouinces de la Chine.

closes, que chacune contient, l'extrait desquelles i'ay bien voulu mettre en ce lieu, pour le contentement de ceux qui le verrót. ausquels ie dóne aduis que par ce mot de cité, i'entens les plus notables villes, & par ce nom de ville, celles qui sont les moindres, laissant là les grands bourgs & les villages.

La prouince d'Olan, contient quatre vingts dix citez, & cent trente villes : celle de Canton, trente six citez & cent quatre vingts dix villes. Celle de Susuam, quarante quatre citez, & cent cinquante villes. Celle de Fogniam, trente trois citez, & cent quatre vingts dix villes. Celle de Pagnya, où demeure le Roy, quarante sept citez, & cent cinquante villes. Celle de Cinsay, trante huict citez, & cent vingt quatre villes. Celle de Toláquia, cinquante vne cité, & cent vingt trois villes. Celle Doquiam, dix neuf citez, & soixante quatorze villes. Celle d'Ancheo, vingt cinq citez, & vingt neuf villes. Celle de Honam, vingt citez, & cent deux villes. Celle de Xantô, trante sept citez, & septante huit villes. Celle de Quincheu, quarante cinq citez, & cent treze villes. Celle de Chequeam trante neuf citez, & quatre vingts dix neuf villes. Celle de Sancii, quarante deux citez, & cent cinq villes. Celle de Canzay vingt cinq citez, & vingt trois villes. Supputant donc toutes les villes & citez, on trouuera cinq cens quatrevingts vnze citez, & seize cens soixãte dix villes, sans les bourgs & villages, qui sont comme innombrables, tellement qu'il se

Cinq cẽs quatre-vingts vnze citez & seize cens soixãte dix villes en la Chine, sans les bourgs & villages.

voit par l'extrait cy dessus, tiré de l'histoire Chinoise, qu'à iuste droit ie nomme le Roy de la Chine, le plus grand Roy du mõde, & diray plus, que son Royaume, surpasse en fertilité tous ceux de l'vniuers, combien que l'on mette en comparaison le Perou, & Mexique cette fertilité, venant de sa bonne situation, qui est enclose dans la region, que les Geographes appellent temperee, & si on regarde de pres, on verra qu'il s'estend vers vn mesme climat que l'Italie. Ie dirois volontiers en quoy consiste la fertilité & les richesses, mais ce n'est le suiet de ce discours, me contentant de dire, que le Royaume de la Chine vaut à son Roy) à ce que dit l'histoire) cent millions dor par chacun an, qui est plus que le grand Turc n'en touche de son Empire, ny le Roy d'Espagne de ses Royaumes. La loy qui estoit en la Chine qui defendoit à tous ceux du Royaume de n'en sortir, & à tous estrãgers de n'y entrer sur peine de la mort, a esté cause que le Royaume n'a esté congnu en nostre Europe, que depuis peu de tẽps, voila vn puissant Roy, & de grãds Empereurs, mais ils ne sont si grãds terriens cõme est le Roy d'Espagne, lequel sans contredit, tiendroit le premier lieu, & seroit le plus grand monarque de la terre, si ses puissances, & Royaumes, estoiẽt ioints ensemble, comme sont ceux desdits Empereurs, mais estant eloigneés les vnes des autres par tant de mers, & distances de lieux, il est comme impossible qu'il se puisse secourir, & ayder, sinon par vn grand temps, & encore incertain, si le secours pourroit venir, à raison des perils qu'il y a sur la mer, ie dy, si tant estoit qu'il pust tirer des hommes des prouinces qu'il a és Indes d'Orient & Occident, qu'au contraire il faut, que d'Espagne il en enuoye bien souuent. C'est le suiet qui me retient, de ne le mettre au rang des grands Monarques, mais de le nommer seulement, le plus grand terrien du monde, n'y en ayant aucun qui se puisse égaler à luy. Peut estre plusieurs me pourront blamer d'auoir donné le tiltre de grand Roy, au Roy de la Chine, plustost qu'au Roy d'Espagne, qui a plus de Royaumes, & de terres que luy, ausquels ie diray en vn mot, que le Roy de la Chine est Roy d'vn seul Royaume, lequel en grandeurs & richesses, surpasse

Le Roy d'Espagne le plus grãd terrien du monde.

se

se de beaucoup tous ceux du Roy d'Espagne, non en quantité de terres & de Royaumes. Partant nul ne me peut me blasmer, de luy auoir donné le nom de grand, puisqu'il n'y a Royaume qui soit pareil au sien. Disons quelles terres ce grand terrien a soubs sa domination, leurs longueurs, & largeurs, & où elles sont situées. Il est en premier lieu Roy des Espagnes, qui côtiennêt plusieurs Royaumes reduits en prouinces, côme, Castille, Leô, Grenade, Portugal, Galice, Andalousie, Valance Arragon & Catalogne, n'y voulant pas mettre Nauarre, toutes lesquelles sôt vn beau Royaume, borné à l'Occident de la mer Oceane, & du costé de l'Oriêt de la mer Mediterranee, ayant au Midy le dètroit de Gilbatar, & au Septen-

Combiê de Royaumes en Espagne.

Confins & limites de l'Espagne.

trion, les monts Pirenees qui le separent de la France. La plus grãde lõgueur de ce Royaume ainsi composé de plusieurs, contient cét cinquante lieües d'Espagne, qui font deux cés quatorze lieuës des nostres, sçauoir, depuis Lisbonne qui est en Portugal, à l'Ocean Occidental, iusqu'à Valance qui est à l'Orient, sur le bord de la Mediterranee. Mais de la coste de Galice iusques a celle d'Arragon, qui est sa plus grande longueur, il en a presque du quart d'auantage. Pour sa largeur, elle contient depuis la Mediterranee, vers le Midy, ou quoy que ce soit, de Malaca iusqu'à Bilbo vers le Septentriõ, six vingts dix lieuës d'Espagne, qui font cent quatre vingts dix des nostres. Il a encore en Italie les Royaumes de Naples & Sicile,

Largeur de l'Espagne

Quels Royaumes le Roy d'Espagne a en Italie.

auec la grãde Duché de Milan, & les Isles de Corse, Sardaigne, Majorque, & Minorque, & quelques autres places, à la coste de Barbarie vers le détroit de Gilbatar. Ce n'est pas tout, il est puissant tertien és Indes de l'Orient, où il a quelques Royaumes & plusieurs villes, ports, & places fortes tout le long de la mer. Au dedans de la mer, il est Seigneur des Isles de Gadamascar, qui est celle de S. Laurens, qui contient pres de six cés lieuës de long. De celle de la Cube, qui en contient deux cens: Celle de l'Espagnol, cent quatre vingts, & de tant d'autres isles, qui seroit difficile de nommer, & dire au vray leurs longueurs, & largeurs. Pour ce qu'il a au nouueau monde, appellé maintenãt Amerique, consiste seulement en

Le Roy d'Espagne puissant es Indes d'Orient.

Le monde nouueau consiste en deux Royaumes

deux Royaumes ou prouinces, l'vne appellée Mexique, & l'autre le Perou; le Mexique appellé par les Espagnols nouuelle Espagne, contient en sa plus grande longueur, quatre vingts quinze degrez, qui font deux mille trois cens soixante quinze lieuës, depuis la mer Oceane qui est à l'Occident, iusques à la nouuelle Espagne qui est à l'Orient & de largeur, depuis l'istme de terre qui le ioint auec le Perou vers le Midi, iusques l'Ocean du Septentrion, soixante degrez, qui valét quinze cens lieuës. Pour le Perou, il a de l'vne mer à l'autre, soixante degrez en sa longueur, qui font quinze cens lieuës, & ce de l'Orient à l'Occident, & du détroit de Magellan qui est au Midy, iusqu'à l'Istme de terre qui le ioint auec le Mexique, il a de

Longueur de Mexique.

Largeur de Mexique.

Longueur du Perou.

largeur soixante quatre degrez, qui valét seize cens lieuës, de sorte que, supputant toutes les terres qui sont és Indes Occidentales, & qui appartiennent au Roy d'Espagne, sans les isles que i'ay cy dessus nommees, & toutes les autres isles qu'il possede, ladicte terre ferme à de longueur deux mille huit cens lieuës, & de largeur, trois mille deux cens, auquel nõbre adioustant ce qu'il a en Espagne, en Italie, aux Indes oriẽtales, & toutes les Isles qu'il possede en l'vne, & l'autre mer, on verra qu'à bon droit ie l'ay nommé le plus grand terrien du monde. Il reste de sçauoir si nous pourrons trouuer vn milieu sur la terre, & si de ce milieu, toutes les parties de la terre sont d'égale longueur; A la verité Hierusalem est le centre, & la superficie m'a-

Largeur du Perou.

Longueur & largeur des Indes Occidentales.

S'il y a vn milieu sur la terre.

préd, que Hierusalem est le centre & la superficie d'icelle, disant par son Prophete Ezechiel cinquiesme ; qu'elle est assise au milieu des nations : Dauid disant pareillemét au Psal. 63. que le salut des hómes fut parfait au milieu de la terre, & de vray le verset qui dit cela est graué en grosses lettres soubs vn poisle de bronze doré, qui est au chœur de l'Eglise du sainct Sepulchre de nostre Seigneur, entre le sainct Sepulchre, & le mont de Caluaire, n'y ayant pas de l'vn à l'autre, douze pas d'interuale. Aussi estoit il conuenable à la bóté diuine que le salut fust faict au milieu de la terre. Puis que Hierusalem est le milieu du monde, voyons, si de ce lieu, les distances seront égales iusqu'aux fins de la terre. Ie treuue, que depuis

Où est le milieu de la terre.

Hierusalem iusques au Cap de fin terre, qui est à la coste d'Espagne, à l'Ocean Ocidental, y a de droicte ligne cinquante huit degrez, qui font quatorze cens cinquante lieuës & dudit lieu de Hierusalem, iusques à Brest qui est en la basse Bretagne, sur le bord de la mer, vers le Septentrion, y a cinquante quatre degrez, & demy, qui valent treze cens soixante quinze lieuës. Ie parle de droict fil, qui est vne certaine voye par laquelle personne n'y peut aller, à cause qu'il faudroit faire nouueaux chemins, par mer & par terre pour aller aux lieux destinez, sans tourner ça & là, ce qui est du tout impossible: mais il faut que nous mesurions ainsi les choses, & non selon les chemins qu'on fait, sçachant tresbien (pour l'auoir fait) que de-

140. lieues du Cap fin terre en Hierusalẽ.

1375 lieues de Brest en Hierusalẽ.

puis Brest iusqu'en Hierusalem, le chemin est plus long que ie ne dy, mais ce qui est de plus, sont les tours & detours, qu'on faict en cheminant en autres lieux. Retournant à nostre milieu, ie treuue qu'il y a dudit lieu de Hierusalem iusques a l'Ocean oriental, qui bat la coste de la Chine, soixante quinze degrez de droit fil, qui sont dixhuict cens soixante quinze lieuës, cette longueur surpassant de beaucoup les precedentes, ce qui feroit aysément dire que Hierusalem ne seroit le milieu. De plus ie voy que d'iceluy iusqu'à l'Ocean du Septentrion, il n'y a que quarante degrez, qui font mille lieuës seulement, & dudit lieu iusqu'à l'Oceā du midy, de droitte ligne que cinquante degrez, qui valent douze cés cinquante lieuës, de sorte

1875. lieuës de la mer de la Chine en Hierusalem.

1000. lieues de la mer du Septentrion en Hierusalem.

1250. lieues de la mer du midy en Hierusalē.

de sorte que de tous endroits, les distances sont differentes, & toutefois, l'Escriture dit clairement, que nostre salut sera fait, au milieu de la terre. Ce n'est à moy à passer oultre sur ce point ; C'est aux docteurs d'en decider: Il me suffit d'estre arriué iusqu'a ce lieu, qui n'a esté sans grand trauail, priant tous ceux qui le verront, qu'ils ne le lisent en courãt, mais qu'ils le voient à l'oisir, & ce faisant, ils cognoitront ce qu'il cõtient, ce qu'ils ne feront pas en passant par dessus, mais si en vn nombre si grand de supputatiõs, il s'y treuue quelque defaut, qu'ils me condamnent doucement, ou facent mieux que moy.

www.ingramcontent.com/pod-product-compliance
Lightning Source LLC
LaVergne TN
LVHW012011160826
845678LV00002B/771

* 9 7 8 2 3 2 9 6 6 4 5 0 7 *